CHANSONS

ET

SCÈNES POPULAIRES,

PAR

VICTOR BASIÈRE.

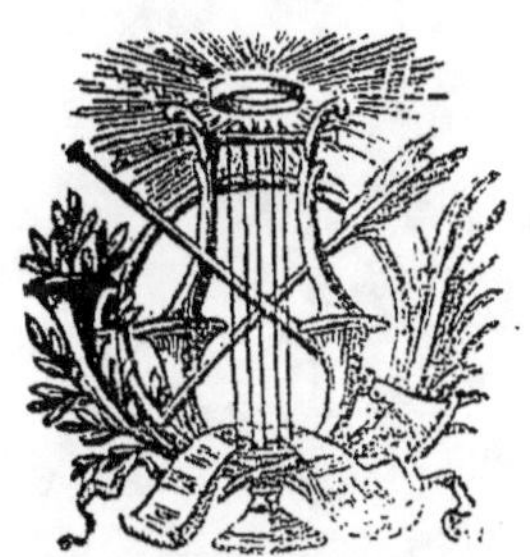

2me LIVRAISON.

A Paris.

Imp. de Pollet et Comp., r. St-Denis, 380.

1843

LA RIGOLICHOMANIE.

AIR : *Chanter , Boire et Rire.*

Vivent la rigole
Et la gaudriole !
Aimables viveurs
Entonnons de joyeuses antiennes,
Et ne buvons, francs rigoleurs,
Qu'à tasses pleines.

AIR : *Allons cancannons un moment.*

Chantons, rions
Et goblettons,
F'sons bombance
Et viv' la lichance !
Chantons, etc.,
Rigolichonons,
Godichonnons.
Tra la la la la, etc.

AIR : *Un com., deux com., trois compagnons.*

Rigoleurs, la douce amitié
Franchement nous rallie,
Puis avec elle de moitié
Préside la folie ;

Rire de tout est notre but,
Nargue de qui nous fronde ;
Rions au nez de Belzébut,
Et moquons-nous du monde.

    Vive la rigole, etc.

Rigolons du cafard maudit
Qui nous anathémise,
Rions de qui jamais ne rit,
Et toujours moralise ;
Rions des pédans et des sots,
Et de certain prophète
Qui nous prédit toujours des maux,
Et jamais une fête.

    Vive la rigole, etc.

Point de quartier pour le bon vin,
Qu'il rougisse nos trognes,
Provoquons, le pichet en main,
Les plus crânes ivrognes ;
Pour les exciter au combat,
Assurer leur défaite,
Au bruit d'un bachique sabbat,
Coupons-leur la retraite.

    Vive la rigole, etc.

Poursuivons les fiers vignerons
Jusqu'au fond de leurs caves,
Des invincibles biberons
Soumettons les plus braves ;

Mettons à sec des cache-pots
Les cuves, les tonnelles,
Plus de trèves, ni de repos,
Pour les succès canelles.

    Vive la rigole, etc.

Aux pieds de vignes, aux licheurs.
Sachons livrer bataille,
Guerre enfin à tous les soiffeurs,
Éponges à futailles;
Mais, respect aux buveurs joyeux
Qui toujours fraternisent,
Les jours, les nuits boivent au mieux,
Et jamais ne se grisent.

    Vive la rigole, etc.

Rions debout, rions assis,
Tout en buvant rasade,
Rien ne chasse mieux les soucis
Que dame Rigolade;
Pour le passé déridons-nous,
Le présent nous fait face;
De l'avenir richonnons tous,
De mort il nous menace.

    Vivent la rigole,
    Et la gaudriole !
    Aimables viveurs
Entonnons de joyeuses antiennes,
Et ne buvons, francs rigoleurs,
    Qu'à tasses pleines.

LA CAUCHOISE,

(Chansonnette Normande).

AIR : *Depuis long-temps j'aime Clairette.*

MUSIQUE DE ROSSINI.

Colas à la cantonnade (il parle au dehors).
Chest à m'tour à m'ficheux d'vous, moqueux d'beites,
ah quoui ! quoui qu'à mainme à ch'teure Clarette, j'in
sommes bé sûr da. (*Au public.*)

A m'aime à ch'teure, ma Clarette,
De son cœur
Je suis le vainqueur,
Quand j'parle d'amour, la brunette
Ne m'répond plus d'un air moqueur :
Pauvre Colas
T'es tun sot gas.   (BIS.)
Tra la la la la la la la la la la

Pendant deux ans pour c'te gausseuse
J'ai soupiré comme un soufflet;
Mais aujourd'hui, m'nâme est heureuse
Et m'cœur est tout comme un folet.
Y bundit d'joie comme l'ti gas d'la junment
A maître Jacques, c'est comme un qu'val, écappé quoi.

A m'aime, etc.

Pour la prom'ner chaque dimunche,
Comme un fareau j'memmaillottais ,
Je m'fourrais d'ru dans ma qu'mis' blanche,
Je m'lavais l'nez et l'bout des daigts.

Dans l'dinger d'salisser l'col d'ma qu'mise qui vingt fais
manquit d'mébourgnais, quand j'étais intonné dans s'nin-
térieur pus brin moyen d'déringer m'teite, quand j'vou-
lais m'naller à draite ou à gauche fallait qu'je m'tournisse
tout d'une volais, j'étais ni pus ni moins qu'un vrai ré-
dillon.

A m'aime, etc.

Quoiqu'ma fin' queu' fut un peu rousse,
J'la cordonnais toujours au mieux,
J'n'étais point biau , non, c'est que j'tousse ,
Quand j'avais ben beurré mes qu'veux.

Et m'sescarpins itou, avec du franc-beurre d'la valiée;
j'étais r'luisant comme une vraie réflexion du soleil ;
aussi, quand j'donnais comme ça v'lan, comme un coup
d'caillou dans l'visâge d'Clarette , sa fixation s'arrêtait
drait sur mai, puis sa bouche m'sourisait, dame, c'est
qu'ça y v'sait plaisi, à c'te paur' tite.

A m'aime, etc.

Je n'vous l'cache point, dans not village
Sur m'in compte on a jabotais.
Qu'eu bruit qu'ça fit, et qu'eu tapage,
Quand on vit m'queux et mes d'sous-d'piais.

De vrai d'sousses-piaids, qui s'buntonnisions au fin
drait du mollet ; t'in qu'à m'queue, j'crais qu'Clarette
vouli qu' j'i portins une dans l'dessein qu'on s'moquisit

d'mai, car, quand j'passais dans not' carrais, not' village,
enfin, c'li chite, c'telle-là, m'criait comme cha du pus loin
qui pouvait m'détailler, est m'gas, est june houme, est
Moussieu, et vot queue comment qu'à va? Cré maudit
des maudits ! c'est mai qué rageais.

A m'aime, etc.

Mais, à présent j'puis m'mettre à m'guise,
Clarett' m'aim' jin suis bésur.
Je ne crains pus qu'a m'guermindise,
Sin cœur pour mai n'est plus brin dur.

J'lai amolisai... Ah ! ah ! qu'jai dit comme cha un
matin en causant un tantinet avé l'gas d'mun père Colas..
hein?... Est-tu un houmme ? Ah ! mais oui que j'réponds,
mais là dru, sans la moindre réfléchissantissure. Veux-
tu qu'on n'te sottisit pus d'avntage, ah ! mais oui , eh
ben m'nâmi n'sais pu molasse , montre tai farme au
d'vant d'Clarette, et coupe tin queue. Je n'manquis point
l'coup, et v'la m'nouvrage.

(Il montre sa queue coupée.)

A m'aime, etc.

TENDRE AVEU

Fait par Colotte Grisevard, cuisinière,

A son Cousin RIGOLO, guerrier national.

Air : *Toi qui connais les hussards.*

Vaillant guerrier dont le regard m'enflamme,
En ce beau jour reçois un doux aveu ;
Tu fais vibrer les cordes de mon ame
Auprès de toi je me sens tout en feu.

Tu m'suis partout, partout où je m'isole,
Ton gueux d'portrait vient m'offrir son aspect ;
T'es t'en tous lieux, dans l'pot, dans la *cass'trolle*,
Dans le cornichon et dans le hareng pec.
Vaillant, etc.

J'vas-t-il chercher le matin à la halle
Un gros melon, des choux ou des poireaux,
Que j' te retrouve encor sur chaque étale,
Dans les dindons, canards et maquereaux.
Vaillant, etc.

Chez *l'chartutier* j'prends-t-il deux yards de graisse,
Que j't'aperçois aussitôt dans les plats ;
C'est malgré moi qu'il faut qu' tu m'apparaisse
Dans l'sandouillettes, paquets d'coign's et cerv'las.
Vaillant, etc.

Pas pus loin qu'hier, je m'en fus au spectacle;
J'y vis un'pièce ousqu'on voit d'sanimaux.
J't'ai reconnu de suite et sans le moindre obstacle ;
Mais c'est surtout quand parur'nt les chameaux.

Vaillant, etc.

J'te vois partout, c'est toi qu'est l'télégraphe,
Qu'est le luxor, l'panthéon, l' firmament,
L'linon féroc', l'éléphant, la girafe ;
C'est toi qu'est tout , enfin t'es mon amant.

Vaillant, etc.

LES SOULOGRAPHIES.

Vive le vin !
Disait frère Grégoire !
Vive à jamais ce nectar si divin.
A bien chanter, à bien rire, à bien boire,
Mettons, buveurs, en tout temps notre gloire.
Vive le vin, etc.

Vive le vin!
Sur lui toujours je penche.
Pour son fignard, tomba, maître Lang'vin ,
Un vieux biffin, d'une voix rude et franche,
Dit, v'la pourtant tel que je s'rai dimanche.
Vive le vin, etc.

Vive le vin !
Chantaient à la barrière
Culot, Popoche et l'papa Sirotin ;
Ils s'en allaient vent-à-vent, vent-arrièr(
En répétant d'une crâne manière :
Vive le vin , etc.

Vive le Vin !
Et vive le rogome !
Chantait tout bas la mère michel en ch......min
Ell'trébucha, criant je fais bonhomme ,
En hoquetant, répétait en son somme :
Vive le vin, etc.

Vive le vin !
Redit Suce-Canelle,
En retrinquant avec le gros Chauvin,
A bien soiffer employons notre zèle ,
Du vieux Bacchus, courons chaque chapelle.]
Vive le vin, etc.

Vive le vin !
Vive ce jus que j'aime!
S'écria Pierre en leur tendant la main,
J'veux m'en gaver comm' d'eau se gave un' brème,
Et vivre ainsi jusqu'au trépas quand même.

Vive le vin. (*bis*).

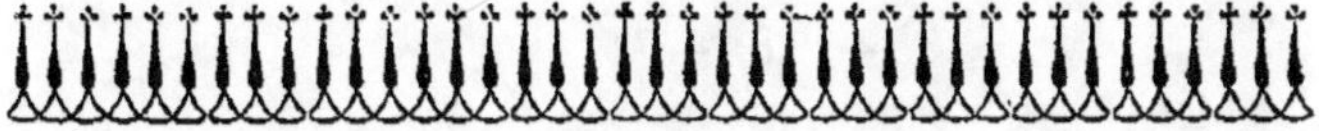

LE MARCHAND DE CORAIL,

Scène de Banquiste.

AIR : *Vive le vin,*

Du Réveil à la Hussarde.

(MUSIQUE DE FEU LANGLOIS.)

> Ce beau corail,
> Produit colonial,
> Charme le doux bercail
> Du sérail ;
> Sans nul travail,
> Mêlé d'ambre et d'ail,
> Il rend aux dents l'émail,
> Mon corail.

> Il rend la bouche saine
> Ainsi qu'aux dents la blancheur,
> Détruit la forte haleine
> Des pieds même la sueur.

Messieurs, je me nomme l'Esprit, avantageusement
connu sous la calotte des Cieux. L'Esprit n'est pas mon

nom ; c'est un sot-briquet que j'ai acquis à juste titre ; je suis le fils du grand Gen-gi-khan-krac, chef suprême de la Grande-Tartarie ; mon épouse est la fille de Suce ma fai Trouskin, dernier empereur de la Chine. Nous aurions pu, comme tant d'autres jeunes gens de bonne famille, nous douilleter à notre aise sur l'édredon si familier à nos membres, moisir dans l'oisiveté en fumant notre pipe dans nos palanquins. Eh bien, non ! Nous avons abandonné familles, grandeurs, richesses, pour nous rendre utiles à la société, nous donnons

> Ce beau corail, etc.

> Oui, messieurs, je le donne
> Quoique de grande valeur.
> Ce que j'ambitionne
> Est seulement cet honneur.

Oui, êtres intéressans, l'honneur de vous être utile est tout ce que j'ambitionne. Eh ! comment fais-tu pour vivre ? Parbleu ! comment il fait, répondra ce petit Mossieur, dont l'habit est sec comme un coup d'trique. Ne nous a-t-il pas dit qu'il était riche ! C'est positif. Mais je vous observerai que j'ai employé ma fortune à la recherche de mon corail dont je vous fais cadeau. Je vous ferai seulement payer le petit imprimé qui indique la manière de s'en servir ; il faut que l'imprimeur vive, ne vous en faites pas faute.

> Ce beau corail, etc.

> Les volcans et les ondes
> M'ont vu cent fois et les airs ;
> Mes recherches profondes
> Étonnent tout l'univers.

C'est moa, moa qui, le premier, ait osé m'introduire dans les ardentes entrailles de la terre, le premier qui ait pénétré le plus avant dans son sein. Le Vésuve et l'Etna m'ont vu tour-à-tour. Je me suis enfoncé, au moment de leur irruption, dans leurs cavités infernales ; j'ai bravé leurs bitumes et leurs laves incendiaires : j'ai risqué cent fois ma vie dans ces cheminées de l'enfer. Vous dites à cela, pourquoi y allais-tu ? **J'y allais** pour y chercher le corail que j'y ai découvert, le corail volcanique anti-transpirifitique ; il empêche la transpiration des petons et dédétruit la mauvaise odeur. Est-il rien de plus insupportable pour le voyageur que de suer aux pieds ? La sueur attendrit les chairs, provoque des gerçures et rend la marche plus pénible. Le rustre et le grand seigneur sont sujets à cette incommodité : elle cause même fort souvent des désagrémens intempestifs. Dernièrement une jeune personne de ma connaissance, jeune personne très comme commeil faut,allait, pour la première fois, se fourrer dans le dodo conjugal, lorsque son tendre époux, sentant pâlir la chandelle, lui dit : Dis-donc, Javotte, aurais-tu marché dans une incongruité ? Elle lui répondit avec ingénuité, candeur et franchise : Non, Dodore, j'ôte mes bas. La pauvre petite se trouvait dans une fichu position. C'était un cas de divorce. La respectable mame Bernard, la fruitière d'à côté, dont les sentimens et la pureté de mœurs ne peuvent être mis en doute, était en train de changer de chaussure, et avait commis l'imprudence de laisser sa porte entr'ouverte. Une voisine curieuse, comme elles le sont toutes, lui dit en enfonçant son nez dans l'ouverture : Dites donc, mame Bernard, est-ce que vous auriez toujours de ces mêmes petits fromages ? Non, ma bonne, je me déchausse. C'était à la dégoûter du fromage. Je pourrais vous raconter dix mille anecdotes de ce genre, si je n'étais plus certain de vous faire infiniment plus de plaisir en vous disant qu'il suffit de mettre un kilo de ma poudre dans chaque soulier pendant un an et un jour, pour empêcher les funestes effets de la transpiration.

Ce beau corail, etc.

Le corail volcanique
Fait votre admiration,
La racine atlantique
Mérite l'attention.

Celle-ci est plus rouge et plus dûre ; elle rend la couleur aux gencives ; elle agace les dents, les affile et les excite à dévorer les parties des animaux destinées à notre nourriture ; mêlée à l'autre, elle en fait disparaître l'âcreté. C'est au fond des eaux salées qu'on la recueille. Mon épouse et moa avons exploité les mers de Marmara et du Liliput. Mon épouse aujourd'hui s'occupe seule de ce travail ; elle plonge comme une cane (sauvage), et se promène sous la superficie des eaux comme vous et moa sur la surface du globe. Moa, je broie la racine et la rend aussi fine que du gravier, voire même du charbon de terre. Il suffit d'en mettre un quart de livre sur une brosse, et de se frotter les quenottes pendant trois petites heures, pour se les rendre aussi blanches que celles de mon caniche.

Ce beau corail, etc.

Cette poudre divine
Est vendue à Tambouctou,
Au Japon, à la Chine,
A Paris comme au Pérou.

Elle a fait l'admiration des principaux souverains des Deux Mondes ; c'est pourquoi je voudrais vous en voir tous munis, car est-il rien de plus insupportable qu'une personne qui sent mauvais de la bouche, ce qui vient souvent de ce qu'elle a les quenottes sales; Mademoiselle, par exemple, a la bouche la plus dégoûtante qu'on puisse rencontrer; quelle est la mère assez indigne pour laisser le four de cette jeune innocente dans cet état d'insalubrité? On dirait qu'elle chique. Mademoiselle serait capable de gonfler un ballon. Je pourrais en deux minutes rendre le bec de cette aimable personne dans son état de pure nature. Eh bien! je n'en ferai rien, parce que, public ingrat, tu dirais : cette adorable créature lui sert de compère.

Ce beau corail,

Si je vois le grand monde ,
Je le dois à mon savoir ;
On me fête à la ronde ,
C'est à qui voudra m'avoir.

La manière ingénieuse avec laquelle j'opère l'assainissement des mâchoires me fait rechercher par les personnages les plus distingués. Il ne serait pas du tout étonnant, à l'heure qu'il est, qu'il y en ait une douzaine à faire antichambre chez moi. Dernièrement, j'étais en train de prendre un canon sur le comptoir avec Mademoiselle Paumemon, fille du comte Balochard de Mondophouski, lorsqu'un faquin à livrée me dit, en m'abordant fort respectueusement, que sa maîtresse voulait m'entretenir; je ne me le fis pas répéter , et le suivis dans un palais magnifique, tel que j'en possédais un; il m'introduisit dans un salon superbe; là, j'y vis deux dames nonchalamment répandues sur un ottomane, une jambe par ci, un bras par là; j'avoue que je fus un instant

ébobi par cette délicate surprise quoique j'y sois habitué ;
j'avais mes entrées dans les harems du Grand-Visir Tinada.
Chnoccocucukoff, une des princesses, me dit, car c'était
des princesses : mon cher l'Esprit, ayant beaucoup en-
tendu vanter ton savoir-faire, je veux le mettre à l'é-
preuve ; je m'inclinai profondément : tu vois cette dame,
eh bien ! elle tue les mouches au vol. Je compris l'apologe,
et la saisis par la nuque pour commencer mon opération:
avec les dames il faut s'y prendre délicatement ; j'avais
déjà employé dix livres de ma poudre et rien ne présa-
geait les chances d'un succès, lorsque l'autre princesse
s'en apercevant, me dit d'un air fort gracieux : Je te
parie 2 litres à 12 que tu n'en viendras pas à bout ! Je le
tins pour bien dit ; enfin, après avoir employé dix-huit
litres de la susdite, je finis par rendre la bouche de cette
dame dans un état satisfaisant de salubrité; le valet ap-
porta les deux litres que nous bûmes en riant comme des
fous. Tout autre à ma place en tirerait vanité ; vous autres,
vous feriez feu des 4 pattes et le crieriez à tue-tête à tous
les coins de la ville. L'homme à talent est modeste, j'en
suis fâché pour vous ; mais vous n'êtes pas nés sous une
heureuse étoile. (Ce beau corail, etc.)

Imp. de Pollet et Comp. r. St-Denis, 380.